rouge

NOTICE

SUR LES FAMILLES

Vallet de Villeneuve

ET

de Guibert

PAR

JEAN DE JAURGAIN

PARIS

IMPRIMERIE DE LA COUR D'APPEL

L. MARETHEUX, Directeur

SOCIÉTÉ ANONYME AU CAPITAL DE 135,000 FRANCS

I, RUE CASSETTE, I

1893

NOTICE

Vallet de Villeneuve

ET

de Guibert

NOTICE

SUR LES FAMILLES

Vallet de Villeneuve

ET

de Guibert

PAR

JEAN DE JAURGAIN

PARIS

IMPRIMERIE DE LA COUR D'APPEL

L. MARETHEUX, Directeur

SOCIÉTÉ ANÒNYME AU CAPITAL DE 135,000 FRANCS

I, RUE CASSETTE, I

1893

VALLET DE VILLENEUVE

COMTES DE VILLENEUVE ET DE L'EMPIRE FRANÇAIS
COMTES DE GUIBERT ET DU SAINT-EMPIRE
BARONS DE VILLENEUVE

Seigneurs de La Touche, de Villeneuve, de Salignac,
de Mons en Rujan, de la Puisade, et autres lieux.

Anjou, Saintonge, Aunis et Touraine.

ARMES

Les armes des Vallet de la Touche, enregistrées dans
l'*Armorial général* de 1696, généralité de Tours[1],
au nom de Mathurin Vallet, seigneur de la Touche,
conseiller du roy et son procureur à l'hôtel de ville

---

[1]. Registre de Tours, page 989, n° 170. — C'est ainsi que les
blasonne l'*Armorial de l'Anjou*, de J. Denais, sous le nom de
« Vallet de la Touche-Bruneau, de la Brosse, dont Mathurin,
conseiller procureur du roi à Beaufort, en 1698 ».

de Beaufort, étaient : *d'or à une fasce d'azur, chargée de trois étoiles d'argent.*

Le second rameau de cette branche de la Touche, connu sous les noms de Vallet de la Touche et de Villeneuve, adopta au commencement du XVIII° siècle un écusson *de sinople à l'ancre d'argent en pal, accostée de deux étoiles d'or.*

La branche, aujourd'hui l'aînée, des comtes de Villeneuve-Guibert écartèle ces armes : *aux 2 et 3 d'or à la fasce d'azur chargée de trois étoiles d'argent et accompagnée de trois chênes arrachés de sinople,* qui est de Guibert.

La famille Vallet paraît être originaire de la paroisse de Jarzé.

Guillaume Vallet, paroissien de Jarzé, acquit deux quartiers et demi de vignes, sis à Jarzé, par contrat passé en la cour de Mathefelon le 1er mars 1416[1].

Jean Vallet était marié le 28 avril 1435 à Collette, veuve de Pierre Bureau, bourgeois de Paris, frère de Jean Bureau, seigneur de Montglas, conseiller et chambellan du roi, et de Gaspard Bureau, seigneur de Villemomble, tous deux grands maîtres de l'artillerie de France[2].

Georges Vallet acquit diverses terres, sises à la Haulte-Nogaye, à la Haye-Poullau et dans les fiefs de Brissac et du May, pour la somme de vingt écus et demi, par contrat passé en la cour de Puipéan le 1er janvier 1579, de Maurice Grille, le jeune, demeurant à la Fousse de Grézillé[3].

Jean Vallet, demeurant à Beaufort, et Marie Frian, sa femme, acquirent de Pierre Poitrineau, seigneur de la Pacauldière, une terre sise en la paroisse de

1. Arch. de Maine-et-Loire, série E, 4093, titres de famille, dossier VALLET.
2. P. Anselme. *Hist. des grands officiers de la Couronne*, art. BUREAU.
3. Arch. de Maine-et-Loire, E, 4093.

Beaufort, au lieu appelé le clos Balaine, pour le prix de 150 livres tournois [1].

M. Gilles Vallet, seigneur de la Mesnage, mourut avant le 13 octobre 1679, laissant d'une alliance inconnue :

M. René Vallet, seigneur de Silly, avocat aux sièges royaux de la ville de Saumur, y demeurant, en la paroisse de Notre-Dame de Nantilly, qui vendit, par contrat du 13 octobre 1679, à Me Simon Hayé, notaire royal demeurant à Nuillé, un clos de vigne appelé le Rechaussé, en ladite paroisse de Nuillé, tel qu'il avait été acquis par défunt M. Gilles Vallet, seigneur de la Mesnage, père dudit seigneur de Silly [2].

Mathurin Vallet, Ier du nom, seigneur de la Touche, conseiller du roi et son procureur à l'hôtel de ville de Beaufort, qui fit enregistrer ses armes dans l'*Armorial général* de 1696, avait épousé, vers l'an 1670, demoiselle Marguerite Le Seilier, fille de M. Guillaume Le Seilier et petite-fille de M. René Le Seilier et de demoiselle Renée Giroust [3]. De ce mariage naquit :

Mathurin Vallet, IIe du nom, seigneur de la Touche, avocat au siège royal de Beaufort, né en 1671, marié par dispenses du Pape, fulminées par l'official d'Anjou, à Angers, le 4 mars 1701, à demoiselle Jacquine Giroust, sa parente du 3e au 4e degré, fille de Me Jean Giroust, avocat [4]. (Armes de Giroust : *d'azur à la fasce d'or*.) Mathurin Vallet de la Touche ne laissa pas de postérité de ce mariage et la seigneurie de la Touche échut à Nicolas Vallet, son neveu à la mode de Bretagne, dont l'article viendra ci-après.

Un autre rameau de cette famille était représenté,

1. Arch. de Maine-et-Loire, E, 4093.
2. *Ibidem.*
3. *Ibidem.*
4. Arch. de Maine-et-Loire, E, 4093. — Carré de Busserolle, *Armorial général de la Touraine*, Tours, 1867, gr. in-8°, p. 420.

vers la moitié du XVIIᵉ siècle, par James Vallet, qui épousa Marie Marion, dont il eut :

Mᵉ Guillaume Vallet, licencié ès lois, mort avant le 28 juin 1717. Sa succession, composée « tant de ses propres, à luy escheuz en la succession de feue Jeanne Le Tessier, son ayeule, que des acquêts par luy faits », fut partagée, à la date ci-dessus, entre Mᵉ Urbain Elye Le Tessier, chanoine de l'église du Puy Notre-Dame ; honorable femme Catherine Le Tessier ; honorable homme Marin Viel, seigneur de la Plesse, mari de Marie Le Tessier ; honorables hommes Yves et François Le Tessier ; François Emery, mari de Marguerite Le Tessier ; Mᵉ Pierre Gibard, notaire royal, père et tuteur de Laurence Gibard, née de son mariage avec feue Perrine Le Tessier ; Mᵉ Simon Joubert, mari de Marie-Anne Le Tessier ; honorable homme Jean Houssaye, mari de Marie Gibard, tous héritiers dudit feu Guillaume Vallet [1].

1. Arch. de Maine-et-Loire, E, 4093.

FILIATION SUIVIE

I. — Pierre Vallet. Ier du nom, frère de Mathurin Vallet, Ier du nom, seigneur de la Touche, conseiller du roi et son procureur à l'hôtel de ville de Beaufort, entreprit le négoce et s'établit d'abord à Archiac, puis· à Marennes. Ayant négligé de produire ses armoiries lors de la confection de l'*Armorial général*, il lui fut attribué d'office, sur l'état du 9 décembre 1701, généralité de la Rochelle, un écusson *d'or au cœur de gueules, accompagné en chef d'une rose du même, et, en pointe, d'un croissant d'azur*[1]. Pierre Vallet avait épousé, vers 1660, demoiselle Élisabeth Joslin, *alias* Jouslin et Jousselin. (Armes : *d'azur au lion passant d'or*.) — De cette union vint : Pierre, dont l'article suit :

1. Bibl. nat., Cabinet des Titres, *Armorial général*, La Rochelle.

II. — Pierre Vallet, II° du nom, écuyer, né à Archiac, diocèse de Saintes, en 1661, conseiller du roi,
greffier en chef de la Bourse et de la juridiction consulaire de Saintes, entrepreneur général de la Marine
et des Gabelles de France, fut reçu conseiller secrétaire du roi, Maison et Couronne de France et de ses
finances, le 29 septembre 1730, à la place de M. Bady.
Dans le procès-verbal de sa réception, il est dit fils de
Pierre Vallet, négociant, et d'Élisabeth Joslin, et allié
à M. Pallu, conseiller en la Grande Chambre, à
M. de la Chauverie lieutenant général des armées du
roi et à M. Testu de Balincourt, depuis maréchal de
France [1]. Ce fut, sans doute, en raison de son emploi
dans la marine, que Pierre Vallet modifia son écusson et adopta l'ancre. Il épousa demoiselle Françoise
de Vie. (Armes : *d'argent à la losange d'azur chargée
d'une croix d'or et accompagnée de trois tours de gueules.*)
Il mourut le 13 mai 1740, laissant de ce mariage :

1° Nicolas, qui suit ;

2° Pierre Vallet de Salignac, écuyer, seigneur de
Mons et de la Puisade, conseiller du roi, contrôleur
des guerres, greffier en chef de la bourse de Saintes,
demeurant à Marennes, qui, par contrat du 11 mars
1756, afferma le greffe de la Bourse, pour neuf ans, à
raison de 600 livres par an [2]. Il se maria le 7 avril 1729
à Marie-Anne Pinard dont il eut :

Nicolas-Thérèse Vallet de Salignac, écuyer, seigneur de Mons en Rujan, de la Petite-Forest, etc.,

1. Arch. nat., Bibl. nat., Cabinet des Titres.
2. Arch. de la Charente-Inférieure, Eschasseriaux, *Délibérations du corps de ville de Saintes*, p. 100.

qui comparut, en 1789, à l'assemblée de la noblesse de Saintonge et d'Aunis, pour l'élection
des députés aux États généraux[1] ;

3° Françoise Vallet, mariée à messire Claude-Pierre
Testu, chevalier, seigneur de la Roche, Ortière, Bois-
mette et autres lieux, d'où :

Françoise-Madeleine Testu, mariée par contrat
du 25 septembre 1730 à Christophe Sain de Bois-
le-Comte, chevalier, seigneur des Arpentis, lieutenant au régiment Royal-infanterie, puis lieutenant commandant pour le roi dans les ville et
château d'Amboise, mort le 4 février 1767[2].

III. — Messire Nicolas Vallet, écuyer, seigneur de
la Touche et autres lieux, reçu conseiller secrétaire
du roi, Maison et Couronne de France, et de ses
finances, à la mort de son père[3], fut pourvu, le 6 octobre 1741, des offices de greffier en chef, garde-scel,
commis clerc et contrôleur dudit greffe, greffier des
présentations et affirmations, contrôleur des dépens,
garde des archives, contrôleur des présentations et
affirmations de la juridiction consulaire de la ville
de Saintes[4]. Il était seigneur de la Touche, âgé de
trente et un ans et intéressé dans les fournitures des
Gabelles et Marine de France, lorsqu'il se maria en

1. La Mounerie, *La noblesse de Saintonge et d'Aunis aux États
généraux de 1789.*
2. La Chesnaye-Desbois, *Dictionnaire de la noblesse,* art. de
Sain.
3. *Almanach royal,* année 1741.
4. Arch. de la Charente-Inférieure, Eschasseriaux, *Délibérations du corps de ville de Saintes,* p. 100.

la paroisse de Passy [1], le 12 mai 1729, à demoiselle Françoise-Thérèse Guillaume de Fontaine, quatrième fille de Jean-Louis Guillaume, écuyer, seigneur de Fontaine, conseiller du roi, commissaire et contrôleur de la Marine et des Gabelles de France, et de dame Marie-Anne-Armande Carton Dancourt [2]. (Armes de Guillaume de Fontaine : *écartelé, aux 1 et 4 d'or au lion de sable armé et lampassé de gueules; aux 2 et 3 de gueules à une fontaine d'argent.*) — Un arrêt du Conseil d'État, rendu le 14 février 1743, sur requête présentée par Nicolas Vallet de la Touche, conseiller secrétaire du roi, Maison et Couronne de France et de ses finances, greffier en chef de la juridiction consulaire de Saintes, porte qu'après le décès du sieur Pierre Vallet, dernier titulaire de l'office de greffier en chef de Saintes, père du suppliant, arrivé le 13 mai 1740, etc. [3], Messire Nicolas Vallet de la Touche, écuyer, conseiller secrétaire du roi, Maison et Couronne de France et de ses finances, demeurant rue des Vieux-Augustins, paroisse Saint-Eustache, consentit un acte de vente, à Paris, le 1er août 1755 [4]. Il se démit des offices de greffier en chef, garde scel, etc., de la juridiction consulaire de Saintes, le 13 février 1765, en faveur de Mathieu Brejon procureur au siège présidial de ladite ville [5], et mourut avant le 9 février 1768. — Il avait eu de son mariage : Pierre-Armand, dont l'article suit.

1. « Nicolas Vallet, seigneur de la Touche et autres lieux, âgé de trente et un an, intéressez dans les fournitures des gabelles et marine de France, demeurant rue du Four, paroisse Saint-Eustache, fils de Pierre Vallet, conseiller du roi, greffier en chef de la bourse d'Axaintes (*sic*) et entrepreneur général de la marine et des gabelles de France, et de dame Françoise Devie, demeurant en la ville de Marennes, paroisse dudit lieu, » etc.

2. Registre des baptêmes, mariages et sépultures de la paroisse de Passy, année 1729, p. 8.

3. Arch. du comte de Villeneuve-Guibert.

4. *Ibid.* Original sur parchemin.

5. Arch. de la Charente-Inférieure, Eschasseriaux, *Délibérations du corps de la ville de Saintes*, p. 100.

IV. — Messire Pierre-Armand Vallet de la Touche, écuyer, seigneur de Villeneuve et autres lieux, conseiller d'État, l'un des trois membres du comité des finances et trésorier général de la ville de Paris, fut baptisé à Passy le 28 septembre 1731 [1] et se maria à Paris, en la paroisse Saint-Eustache, le 9 février 1768, à demoiselle Madeleine-Suzanne Dupin de Francueil, née le 14 juillet 1751, fille de messire Louis-Claude Dupin, écuyer, seigneur de Francueil, l'Espinière et autres lieux, conseiller du roi, receveur général des finances de Metz et d'Alsace, et de dame Suzanne Bollioud de Saint-Julien [2]. (Armes de Dupin : *d'azur à trois coquilles d'or.*) — Messire Pierre-Armand Vallet de Villeneuve, écuyer, trésorier général de la ville de Paris, et dame Madeleine-Suzanne Dupin de Francueil, son épouse, de-

1. Registre des baptêmes, mariages et sépultures de la paroisse de Passy, année 1731, page 13 : 28 septembre, baptême de Pierre-Armand Vallet de la Touche, fils de Nicolas Valet (*sic*), écuyer, sieur de la Touche, et de Françoise-Térèse Guillaume de Fontaine, de la paroisse de Saint-Roch, à Paris, rue Gaillon, de présent à Passy; parrain : Pierre Vallet, ancien conseiller, secrétaire du roi, Maison et Couronne de France; marraine : dame Marie-Armande Carton, veuve de Jean-Louis Guillaume, écuyer, seigneur de Fontaine.

2. Paris, paroisse Saint-Eustache, année 1768, page 27 : 9 février, acte de mariage de messire Pierre-Armand Vallet de Villeneuve, écuyer, âgé de trente-six ans, fils de défunts messire Nicolas Vallet de la Touche, écuyer, secrétaire du roi, Maison et Couronne de France et de ses finances, et dame Françoise-Thérèse Guillaume de Fontaine, demeurant rue Platrière, de cette paroisse ; et demoiselle Madeleine-Suzanne Dupin de Francueil, etc.

meurant rue Platrière, paroisse Saint-Eustache, passent un acte à Paris le 23 mai 1789[1]. Pierre-Armand Vallet de Villeneuve comparut, en 1789, à l'Assemblée de la noblesse de Touraine, pour l'élection des députés aux États généraux, et mourut à Paris le 21 ventôse an II (12 mars 1794), au moment même où il allait être traduit devant le tribunal révolutionnaire[2]; sa veuve se remaria à M. de La Ville-Leroulx, sénateur de l'Empire et mourut vers 1806, sans postérité de cette seconde union[3]. Elle avait eu du premier lit :

1° François René, dont l'article suit ;

2° Et Louis-Auguste-Claude Vallet, baron de Villeneuve, tige de la branche cadette, rapportée ci-après.

V. — François-René Vallet, comte de Villeneuve et de l'Empire français, appelé le comte de Villeneuve - Chenonceaux, commandeur de la Légion d'honneur et de l'Ordre impérial de la Réunion, chevalier de la Couronne de Bavière, sénateur, chambellan du roi de Hollande, puis de l'empereur Napoléon III, naquit à Paris le 7 juin 1777, et épousa, le 12 avril 1795, Apolline-Charlotte-Adélaïde, comtesse de Guibert et du Saint-Empire, sa parente au quatrième degré, fille et héritière de haut et puissant

1. Arch. de M. le comte de Villeneuve-Guibert.
2. *Ibidem.*
3. *Ibidem.*

seigneur messire Jacques-Antoine-Hippolyte de Guibert, chevalier, comte de Guibert et du Saint-Empire,
maréchal des camps et armées du roi, membre de
l'Académie française, et de haute et puissante dame
Alexandrine-Louise Boutinon des Hayes, dame de
Courcelles-le-Roy[1]. (Armes de Guibert : *d'or à la
fasce d'azur chargée de trois étoiles d'argent et accompagnée de trois chênes arrachés de sinople*.) — François-
René de Villeneuve fut chargé de plusieurs missions
diplomatiques en Hollande, avant que ce pays ne fût
érigé en royaume, et déploya un tact et une habileté
qui lui valurent la faveur de Napoléon Ier; il fut
attaché en qualité de chambellan à la personne du
prince Louis, frère de l'empereur, le Ier frimaire
an XIII; Mme de Villeneuve avait été nommée dame
du palais de la princesse Hortense, dès le 21 messi-
dor an XII[2]. François-René de Villeneuve était
premier chambellan de la reine de Hollande, lorsque
M. Pasquier, maître des requêtes et procureur général du Conseil du sceau des Titres, lui écrivit, le
3 novembre 1808, qu'il était chargé par son Altesse
Sérénissime le prince archi-chancelier de l'Empire,
de lui donner avis que Sa Majesté l'Empereur et Roi
lui avait conféré le titre de comte par décret du
28 octobre 1808; il l'invitait à remplir toutes les for-
malités voulues pour opérer la constitution du ma-
jorat affecté à ce titre et pour l'obtention des lettres
patentes[3]. Le comte René de Villeneuve-Chenon-
ceaux fut nommé chevalier de la Couronne de Ba-

1. L'abbé Champsaur, premier vicaire de Saint-Eustache, à
Paris, attesta le 28 janvier 1815, que le mariage avait été célébré
dans cette paroisse le 12 avril 1795, en présence de la mère de
l'épouse, de M. Joseph-Alexandre, vicomte de Ségur, de
MM. Alexandre-Jacques Valmalette, Gabriel-Joseph de Saint-
Cloud et Richard-François-Philippe Brumek (Arch. du comte
de Villeneuve-Guibert).
2. Brevets originaux aux arch. du comte de Villeneuve-
Guibert.
3. Original aux arch. du comte de Villeneuve-Guibert.

vière le 30 mars 1810, commandeur de l'ordre impérial de la Réunion, le 29 février 1812 (aboli le
28 juillet 1815), chevalier de la Légion d'honneur, par
Louis XVIII, le 19 novembre 1814, membre du Sénat,
par Napoléon III, le 31 décembre 1852, officier de la
Légion d'honneur le 3 juin 1853, chambellan de l'empereur le 21 décembre 1859 et commandeur de la
Légion d'honneur le 31 décembre 1862 [1]. Le château
et la terre de Chenonceaux lui étaient échus au mois
de décembre 1799, à la mort de Louise-Marie-Made-
leine Guillaume de Fontaine, seconde femme et
veuve de Claude Dupin, écuyer, marquis du Blanc
et de Rochefort, baron de Cors, seigneur châtelain de
Chenonceaux, capitaine au régiment de Noailles,
puis receveur général des finances de Metz et d'Alsace et fermier général, bisaïeul maternel du comte
René de Villeneuve. Celui-ci fut aussi président du
canton de Bléré et membre du Conseil général du
département d'Indre-et-Loire. Il mourut le 12 février 1863, laissant de son mariage :

1º Armand-Louis-Septime, qui suit;

2º Et Louise-Augustine-Emma Vallet de Villeneuve,
née le 9 mars 1796, mariée en 1815 à Casimir, marquis
de la Roche-Aymon, morte le 6 janvier 1866.

VI. — Armand-Louis-Septime Vallet, comte de
Villeneuve-Guibert et du Saint-Empire, lieutenant

1. Brevets originaux aux mêmes archives. La biographie du
comte René de Villeneuve a été faite par M. Théophile de Mar-
say, dans ses *Études critiques et biographiques*, Paris, 1854, in-8º.

de hussards dans la garde royale, naquit le 14 vendé-
miaire an VIII (6 octobre 1799), et fut baptisé, au
château de Chenonceaux, en même temps que sa
sœur, par S. Em. le cardinal de Boisgelin, arche-
vêque de Tours, le 13 septembre 1803. Il hérita du
titre de comte de Guibert et du Saint-Empire, créé
en 1776 et transmissible en ligne féminine, et fut
autorisé à joindre à son nom celui de Guibert par
ordonnance royale du 14 février 1815, insérée au
Bulletin des lois du 21 du même mois[1]. Il entra au
service dans la compagnie des gendarmes du roi, le
2 mars 1815, fut nommé sous-lieutenant aux hussards du Jura, à Épinal, le 13 décembre suivant,
passa dans les hussards de la garde royale le 8 avril
1817, y fut nommé lieutenant le 12 mars 1823, et
démissionna le 23 octobre 1824. Le comte Armand-
Louis-Septime de Villeneuve-Guibert se maria par
contrat du 19 mai 1824[2] à Mlle Elisabeth-Mathilde de

1. 14 février 1815. — Louis, par la grâce de Dieu, roi de
France et de Navarre, sur ce qui nous a été exposé par la dame
Vallet-Villeneuve, née Guibert, fille de feu le comte de Guibert,
officier général et petite-fille du comte de Guibert, lieutenant-
général, grand-croix de l'Ordre royal et militaire de Saint-Louis,
gouverneur général des Invalides, qu'elle désire que son fils
Louis-Armand de Villeneuve, âgé de quinze ans, soit autorisé à
faire revivre le nom de Guibert en l'ajoutant au sien, — Vu
l'avis favorable..... Notre Conseil d'Etat entendu, Nous avons
ordonné et ordonnons ce qui suit: Art. 1er. Il est permis au
sieur Louis-Armand Vallet-Villeneuve, d'ajouter à son nom celui
de Guibert, etc. — (Arch. de M. le comte de Villeneuve-Guibert.)
2. 19 mai 1825. Devant Me Gatien Petit et son collègue,
notaires à Tours, contrat de mariage entre M. Armand-Louis-
Septime de Villeneuve de Guibert, comte du Saint-Empire Romain, lieutenant aux hussards de la garde royale, en garnison à
Melun, demeurant chez Monsieur son père, fils majeur de M. le
comte François-René de Villeneuve, chevalier de l'Ordre royal
de la Légion d'honneur et chevalier de la Couronne de Bavière,
membre du Conseil général de ce département, et de Mme Appo-
line-Charlotte-Adelaïde de Guibert, son épouse,... demeurant
en leur château de Chenonceaux, commune du même nom,
canton de Bléré, d'une part, — et Mlle Elisabeth-Mathilde de
Sain des Arpentis, fille mineure de M. Noël-François de Sain
des Arpentis, chevalier de l'Ordre royal et militaire de Saint-

Sain des Arpentis, fille mineure de Noël-François de Sain de Bois-le-Comte des Arpentis, chevalier de l'Ordre royal et militaire de Saint-Louis, colonel de la garde nationale de Tours, et de dame Agathe Pregent du Breuil. (Armes de Sain : *d'azur à la fasce d'argent, chargée d'une tête de more au naturel, tortillée d'argent, et accompagnée de trois coquilles d'or.*) — La comtesse de Villeneuve-Guibert, née le 26 août 1803, est morte le 14 août 1867 et son mari le 3 août 1875. — De leur union sont issus :

1º Arthur-François-Charles, dont l'article suit ;

2º René-Gaston Vallet de Villeneuve-Guibert, comte Gaston de Villeneuve-Guibert, né le 28 mars 1826,

marié le 16 avril 1857 à Mˡˡᵉ Valentine Duchâtel, fille de Napoléon-Joseph, vicomte Duchâtel, pair de France, et de Clotilde-Jenny de Chambert-Servoles (Armes de Duchâtel : *coupé en chef d'azur au château donjonné de deux tours d'or girouettées d'argent ; en pointe fascé d'or et de gueules*). De cette union :

a. — René Vallet de Villeneuve-Guibert, mort sans postérité, le 5 janvier 1877 ;

b. — Alice Vallet de Villeneuve-Guibert, née le 21 novembre 1861, mariée le 19 juillet 1881 au comte Georges-Louis-Claude Le Beuf de Montgermont, camérier de Sa Sainteté ;

3º Marie-Clotilde Vallet de Villeneuve-Guibert, née le 30 mars 1827, mariée en 1849 à Paul Odart, marquis de Rilly d'Oysonville. Elle est morte le 12 janvier 1879, et son mari le 1ᵉʳ mars 1880.

Louis, et de défunte Mᵐᵉ Agathe Pregent, son épouse..., demeurant en cette ville, rue Chaude, d'autre part, etc. — Le mariage civil fut célébré le même jour, à Tours. — (Arch. de M. le comte de Villeneuve-Guibert.)

VII. — Arthur-François-Charles Vallet, comte de
Villeneuve-Guibert et du Saint-Empire, dont nous
donnons plus loin les seize quartiers de noblesse,
est né le 7 mars 1825. Il a épousé, par contrat du
8 avril 1854 (mariage célébré le 16 avril), Mlle Anna-
Henriette-Phœbé Muguet de Varange, née le 27 octobre 1827, fille de M. Pierre-Marie-Félix Muguet,
baron de Varange, comte romain, et de Mme Anna-
Suzanne-Louisa Bert. (Armes de Muguet de Varange :
*parti, au 1 de gueules aux phénix d'or sur son immortalité
du même, et un soleil d'or mouvant du canton dextre de
l'écu; au 2 coupé d'or et de sable au lion couronné, de l'un
en l'autre.*) — La comtesse de Villeneuve-Guibert,
dont on trouvera ci-après les huit quartiers paternels et maternels, est décédée le 9 février 1862.
Elle appartenait à l'ancienne famille noble des Muguet de Mongand, barons de Varange, comtes
romains, seigneurs de la Valette et de Champalier,
en Bourgogne et en Lyonnais, connue depuis Jacques Muguet, qui servait, comme écuyer, le 27 avril
1385, dans la compagnie de Philibert de Damas, et
qui succomba dans une expédition en Ecosse. — Le
comte de Villeneuve-Guibert a eu de ce mariage :

1° Armand-Charles-Marie, qui suit ;

2° Marie-Anna-Apolline Vallet de Villeneuve-Guibert, née le 18 mars 1855, mariée, le 27 mars 1876, à
M. Firmin de Lestapis, lieutenant-colonel du 57° régiment d'infanterie ;

3° Et Suzanne-Arthur-Marie-Geneviève Vallet de

Villeneuve-Guibert, née le 11 septembre 1856, mariée le 8 décembre 1877, à M. Henri Le Bas, vicomte du Plessis, officier d'infanterie.

VIII. — Armand-Charles-Marie Vallet de Ville-neuve-Guibert, comte du Saint-Empire, lieutenant au 2ᵉ régiment de hussards, est né le 8 novembre 1858.

BRANCHE CADETTE

BARONS DE VILLENEUVE

V. — Louis-Auguste-Claude Vallet, baron de Villeneuve, chevalier de Malte [1] et officier de l'ordre de la Légion d'honneur, trésorier général de la Ville de Paris, né à Paris le 4 août 1779, second fils de messire Pierre-Armand Vallet de la Touche, écuyer, seigneur de Villeneuve et autres lieux, conseiller d'État et trésorier général de la Ville de Paris,

---

1. « Nous, soussignés, nobles et gentilshommes de la province de Touraine, sur ce qui nous a été justifié par un certificat de M. le chevalier Schwardt, ancien syndic de la noblesse immédiate d'Alsace, conseiller en la Cour royale de cassation, tuteur honoraire de MM. de Villeneuve, que M. Louis-Auguste-Claude de Villeneuve, chevalier de la Légion d'honneur par nomination du Roi, étoit à l'époque de la Révolution, chevalier dans l'ordre de Malte, et que les titres et papiers de la famille de MM. de Villeneuve, qui, entre autres, mentionnent le fait, ont été brûlés à Paris par M. Schwardt à l'époque funeste de 1793, attestons que MM. de Villeneuve sont dignes par leur naissance d'être conservés et d'entrer dans l'ordre de Malte, en foi de quoi nous avons délivré le présent certificat, etc. » (Arch. du comte de Villeneuve-Guibert.)

et de Madeleine-Suzanne Dupin de Francueil, fut
créé baron de Villeneuve par le roi Louis XVIII, par
lettres patentes du 24 février 1815, et mourut au
Blanc, le 24 octobre 1837. Il avait épousé, en 1799,
Mlle Louise-Antoinette-Pauline-Laure de Ségur, née
le 11 avril 1778, morte à Paris le 15 juillet 1812, fille
de Louis-Philippe, comte de Ségur, pair de France,
membre de l'Académie française, colonel de dra-
gons et ambassadeur en Russie, et d'Antoinette-
Élisabeth-Marie d'Aguesseau. (Armes de Ségur :
*écartelé, aux 1 et 4 de gueules au lion d'or ; aux 2 et 3
d'argent plein.*)   De cette union sont issus :

> 1° Léonce-Henry, qui suit ;
>
> 2° Louis-Charles-Vallet de Villeneuve, né en 1809,
> mort en 1826 ;
>
> 3° Et Marie-Louise-Félicie Vallet de Villeneuve, née
> à Paris en 1800, mariée au comte Cesar Balbo, des
> comtes di Vinadio, morte à Turin le 1er décembre 1833.

VI. — Léonce-Henry Vallet, baron de Villeneuve,
commandeur de la Légion d'honneur, officier aux
gardes du corps du roi Charles X, puis successivement sous-préfet de Fontainebleau, préfet de Châ-
teauroux, Albi, Chartres et Orléans, né à Paris le
13 janvier 1801, épousa Léonie-Marie Rousseau de
Saint-Aignan, fille de Gabriel-Edmond Rousseau,
comte de Saint-Aignan, pair de France, et de Cécile-
Rose Collot, et sœur de Cécile-Amicie Rousseau de
Saint-Aignan , mariée à Augustin-René-Adalbert-

Paul de Talleyrand-Périgord, comte de Périgord.
(Armes de Rousseau de Saint-Aignan : *d'azur à la
fasce, accompagnée en chef de deux têtes de lions, et, en
pointe, de trois besants, le tout d'or.*) — Le baron Léonce
de Villeneuve est mort à Roches, le 16 juin 1866,
ayant eu de ce mariage :

1º Gustave-Marcel Vallet de Villeneuve, lieutenant au 6ª hussards, né en 1828, marié le 11 mai 1859, à Philippine-Ghis-
laine de Gand, vicomtesse Vilain
XIIII, fille du comte Vilain XIIII,
député et ministre belge. (Armes de
Gand-Vilain XIIII : *de sable au chef
d'argent chargé d'un lambel du
champ.*) — Il est mort le 27 janvier
1863, sans postérité ;

2º Paul-Auguste, dont l'article suit ;

3º Louis Vallet de Villeneuve, aspirant de marine,
tué à Eupatoria le 7 octobre 1854 ;

4º Laurence Vallet de Villeneuve, morte en 1848 ;

5º Et Laure-Claire-Théodorine Vallet de Villeneuve, née en 1835, morte en 1857.

VIII. — Paul-Auguste Vallet, baron de Villeneuve,
chevalier de l'Ordre de Saint-Grégoire le Grand, etc.,
conseiller général de l'Indre, né à Fontainebleau le
18 mai 1831, a épousé, le 6 janvier 1861, Mˡˡᵉ Marguerite Beugnot, sa cousine, fille du comte Arthur
Beugnot et de Clara Rousseau de Saint-Aignan.
(Armes : *écartelé, aux 1 et 4 d'argent au chevron d'or*

(à enquerre), *accompagné de trois grappes de raisin de sinople, au 2 d'azur à la charte d'argent; au 3 d'azur à l'ancre d'argent.*) — De cette union :

1º Étienne-Charles-Léonce Vallet de Villeneuve, né à Paris le 28 décembre 1861, marié le 8 juillet 1890, à Mᶫᶫᵉ Antoine-Marie-Radegonde Le Maire de Marne, fille de M. Antoine Le Maire de Marne et de Mᶫᶫᵉ de Teil, d'où :

Léonie Vallet de Villeneuve, née le 18 avril 1891 ;

2º Auguste Vallet de Villeneuve, né le 31 août 1863, marié le 6 janvier 1891 à Mᶫᶫᵉ Marie Emilie de Cougny, fille de M. Emile de Cougny et de Marie Pilté, veuf sans enfant le 16 novembre 1891. (Armes de Cougny : *d'azur à trois aigles d'argent becquées et membrées de gueules.*)

3º Arthur-Edmond Vallet de Villeneuve, né le 24 septembre 1865, prêtre docteur en théologie et en droit ;

4º Henri-Gabriel Vallet de Villeneuve, né le 25 juin 1869, sous-lieutenant au 125ᵉ d'infanterie ;

5º Et Louis-Gaston Vallet de Villeneuve, né le 11 janvier 1873.

GUIBERT

COMTES DE GUIBERT ET DU SAINT-EMPIRE

La maison de Guibert, à laquelle a été substituée la branche aînée des Vallet de Villeneuve, s'est illustrée par ses services militaires et a tenu un rang distingué parmi les familles de l'ancienne noblesse du Languedoc. Nous n'en donnerons, ici, la filiation qu'à partir de la fin du XVIIᵉ siècle.

I. — Messire Jean de Guibert, écuyer, qui vivait
à Montauban dans les dernières années du xviie siècle
ot qui poursuivit sa carrière jusque vers le milieu du
xviiie siècle, épousa, vers l'an 1710, demoiselle Antoi-
nette Saux de Peyrille. (Armes de Saux de Peyrille :
*de gueules à une main dextre d'or mouvant du flanc
senestre d'une nuée du même, tenant sept épis de blé aussi
d'or; au chef cousu d'azur chargé d'une étoile d'or.*) —
De ce mariage vint : Charles-Benoît, dont l'article suit.

II. — Haut et puissant seigneur messire Charles-
Benoît de Guibert, chevalier, comte de Guibert et
du Saint-Empire, grand-croix de l'ordre royal et militaire de Saint-Louis, lieutenant général des armées
du roi et gouverneur des Invalides, naquit à Montauban, le 23 mars 1715. Il entra au service en 1731
dans la compagnie des cadets gentilshommes établie
à Metz, et en 1743, lors de la naissance de son fils, il
était capitaine au régiment d'Auvergne. Il arriva par

tous les grades successifs, n'étant encore âgé que de vingt-sept ans, à celui de major du régiment d'Auvergne. Il fit avec ce régiment les campagnes d'Italie, les guerres de Corse, de Bohême et de Flandre, et se distingua surtout à la bataille de Dettingen et au siège d'Hulst, dans la Flandre hollandaise, où il mérita et obtint le brevet de lieutenant-colonel. Il eut encore occasion de se montrer avantageusement à la bataille de Rocoux. Une des colonnes de gauche, commandée pour l'attaque du village, pliait; les grenadiers du régiment d'Auvergne, conduits par Guibert, se retournent prêts à suivre ce mouvement : « Regardez à droite, s'écrie-t-il, Navarre arrive avant vous. » Ces mots les ramènent; ils marchent et emportent le point d'attaque. Guibert fit ensuite toute la guerre de 1757 dans l'état-major de l'armée, se voyant recherché et employé successivement par tous les généraux. Le maréchal de Broglie le prit pour son major général, et, pendant deux campagnes, ils s'acquirent ensemble l'estime et l'amour du soldat. La paix de 1763, en mettant un terme aux services militaires de Charles-Benoit de Guibert, ne changea rien à son dévouement ni à son goût pour l'étude et l'action. C'était lui qui, étant resté prisonnier en Prusse pendant dix-huit mois, à la suite de la malheureuse bataille de Rosbach, en avait rapporté les premières notions de la grande tactique prussienne, l'ordre des divisions et tous les principes de l'organisation intérieure d'une armée ; ces notions ont été très utiles à son fils, auteur de l'*Essai général de tactique*. Le duc de Choiseul le chargea de la confection des ordonnances du service des places et de campagne. Ainsi ces deux grandes bases de notre Code militaire ont été posées par lui. Vivant en province, dans sa terre de Fontneuve, près de Montauban, il consacrait à l'agriculture tous les moments qu'il ne destinait pas à des intérêts publics. Ce fut dans cette retraite que deux ministres allèrent le chercher pour lui donner différentes mar-

ques de confiance. L'empereur d'Allemagne, Joseph II, lui conféra le titre de comte du Saint-Empire
romain, transmissible en ligne masculine et féminine,
en 1776[1]. — Le gouvernement des Invalides étant venu
à vaquer par la mort du comte d'Espagnac, en 1782,
le comte de Guibert y fut nommé, et, pendant
quatre années, il s'occupa avec beaucoup de zèle et
de succès d'améliorer l'administration de ce bel éta-
blissement où il a laissé d'honorables souvenirs. Il
mourut le 8 décembre 1786, âgé de soixante et onze
ans, et son tombeau, profané pendant la Révolution,
a été rétabli en 1807, dans l'église des Invalides[2]. Le
comte de Guibert avait épousé Suzanne Rivail, d'une

1. « Nous soussignés François-Jacques Poumier, juge de paix
du canton de Châtillon, Pierre Grangier, notaire impérial, tous
deux domiciliés en la ville de Beaulieu-sur-Loire, canton de
Châtillon-sur-Loire, arrondissement de Gien, département du
Loiret, certifions et attestons à qui de droit, que les titres féo-
daux et papiers de famille existant au château de Courcelles-le-
Roi, appartenant à la famille de Guibert et actuellement à
M. François-René de Villeneuve, chambellan de S. M. le roi
de Hollande, ont été extraits du chartrier du château, en 1793,
pour être brûlés au district de Châtillon, suivant les décrets des
Assemblées constituante et législative. Parmi ces titres et papiers
existoit le diplôme de S. M. l'empereur d'Allemagne, Joseph II,
qui accordoit, en 1776, à M. Charles-Benoît de Guibert, lieutenant général des armées du roi, commandeur grand-croix de
l'ordre de Saint-Louis, le titre de comte du Saint-Empire romain
pour en jouir à perpétuité, ainsi que ses descendans en ligne
masculine et féminine, pour lui témoigner sa satisfaction pour
la conduite pleine d'humanité et de modération qu'il avoit tenue
dans la guerre de sept ans et d'avoir, de concert avec le comte
de Broglie, étant major général de son armée, défendu et pro-
tégé la ville de Francfort sur le Mein, lequel diplôme a été
homologué et enregistré au Parlement de Paris, le 10 décembre
1776. Avons délivré le présent certificat, moi Poumier, comme
ancien officier de la justice de la Châtellenie de Courcelles-le-
Roi et moi, Grangier, comme notaire y attaché, en présence de
M. Maximilien Séguier de Saint-Brisson, ci-devant comte et
chevalier de Saint-Louis et des sieurs Louis Ribert Loyseau,
régisseur de la terre de Courcelles et Paul Hardy, domiciliés
commune de Beaulieu-sur-Loire et ont signé avec nous. Au
château de Courcelles-le-Roi, le 20 août 1808, etc. » Archives
du comte de Villeneuve-Guibert.)

2. Michaud, *Biographie universelle*, t. XVIII, p. 86.

ancienne famille noble originaire du Dauphiné, dont
les armes sont : *d'argent au lion d'azur, armé et lampassé de gueules; au chef d'azur chargé de trois coquilles
d'or.* — Il laissa de cette union :

1° Jacques-Antoine-Hippolyte, qui suit ;

2° Suzanne de Guibert, mariée à messire Franço is
de Salès, chevalier de Saint-Louis, capitaine au régiment de la Reine ;

3° Hélène-Antoinette de Guibert, mariée à messire
Louis-Marie-Stanislas de Maré d'Azincourt, capitaine
de cavalerie, d'où :

Apolline-Charles-Édouard de Maré d'Azin
court, né le 17 octobre 1788, qui fut capitaine de
vaisseau ;

4° Et Angélique de Guibert mariée à messire
Jean-Fortune, comte de Pluvié, d'où :

Fortuné de Pluvié-Guibert, officier, aide-de-
camp du général Bonaparte, tué à l'âge de vingt
ans, à la bataille d'Aboukir, le 7 thermidor an VII,
sans alliance.

III. — Haut et puissant seigneur messire Jacques-
Antoine-Hippolyte de Guibert, chevalier, comte de
Guibert et du Saint-Empire, maréchal des camps et
armées du roi, membre de l'Académie française, né
à Montauban, le 11 novembre 1743, n'avait que
treize ans et demi lorsqu'il accompagna en Alle-

magne son père, major général de l'armée que commandait le maréchal de Broglie. Il prit part, soit en qualité de capitaine au régiment d'Auvergne, soit comme employé dans l'état-major, aux six campagnes de la guerre de 1756. Dans un âge où l'on ne montre ordinairement que de la valeur, il se fit remarquer par des dispositions peu communes pour l'art militaire et par la justesse de ses observations qui devinrent le fondement de la théorie à laquelle il a dû sa première réputation. Pendant l'intervalle qui sépara cette guerre de celle de Corse, il consacra tout son temps au genre d'études pour lequel son goût allait toujours croissant. A la suite du combat de Ponte-Nuevo, qui avait assuré à la France la conquête de l'île de Corse, il obtint, n'étant encore âgé que de vingt-six ans, la croix de Saint-Louis, et quelque temps après une commission de colonel. Il mit le plus grand zèle à lever et à former la légion corse dont il avait été nommé colonel commandant en 1772. Ce fut l'année suivante qu'il publia l'*Essai de tactique générale;* ne voulant pas soutenir dans son propre pays l'explosion que devait y produire un pareil ouvrage, il partit pour l'Allemagne, qui lui ouvrait un vaste champ d'instruction, et se rendit en Prusse, où une espèce de célébrité l'avait précédé. Il fallait, avant tout, qu'il triomphât de quelques préventions de Frédéric II, qui jugeait sévèrement les connaissances et les vues théoriques du jeune tacticien, et qui d'ailleurs n'était pas content de tout ce qu'il avait mis dans son livre au sujet des Prussiens. Cependant, à la suite d'une lettre fort bien faite qu'il écrivit à ce monarque, il fut accueilli par lui avec une distinction particulière. L'*Essai de tactique générale* est une œuvre remarquable qui, aujourd'hui encore, fait autorité, malgré les progrès de la science militaire. Le comte de Guibert y heurte de front la vieille routine française, y démontre la supériorité du système prussien et s'élève à

des considérations d'une grande valeur sur l'art de
la guerre. Ce fut un soulèvement unanime parmi les
officiers généraux, et l'autorité se vit contrainte
d'interdire l'ouvrage ; mais les idées du comte de
Guibert n'en firent que mieux leur chemin ; Voltaire
et Frédéric II le comblèrent d'éloges. En 1779 il
publiait sa *Défense du système de guerre moderne*, où
en développant son premier travail, il répondait aux
critiques dont il avait été l'objet, et donnait le coup
de grâce aux préjugés des gens du métier. Le comte
de Guibert eut une part considérable aux réformes
opérées dans l'armée, sous le ministère du comte de
Saint-Germain : l'ordonnance de 1776 sur les manœu-
vres d'infanterie est en grande partie son œuvre. —
Le comte de Guibert avait été nommé colonel
commandant du régiment de Neustrie en 1776, il fut
promu brigadier en 1782, maréchal de camp en
1788, puis inspecteur divisionnaire pour l'infanterie
dans l'Artois. Après avoir secondé son père dans le
gouvernement de l'Hôtel des Invalides, il devint
membre et rapporteur du Conseil d'administration
de la guerre. En 1789, il posa sa candidature à la
députation aux États généraux dans le bailliage de
Bourges, mais accusé d'avoir voulu introduire la
dure discipline allemande dans l'armée française, il
fut repoussé par les électeurs. Le chagrin qu'il en
ressentit abrégea ses jours : il mourut après une
très courte maladie, à l'âge de quarante-sept ans, le
6 mai 1790. — Le comte de Guibert avait inspiré une
vive passion à Mlle de l'Espinasse. Il avait ambi-
tionné toutes les gloires : les circonstances ne lui
fournirent pas l'occasion de s'illustrer sur les champs
de bataille, il s'essaya dans le genre purement littéraire
et la Harpe, qui ne l'aimait pas, avance qu'il ne visait
à rien moins qu'*à remplacer Turenne, Corneille et Bos-
suet*. M. de Laporte a esquissé, à la mode du temps,
le portrait du comte de Guibert : « Une tête exaltée,
— dit-il, — beaucoup d'esprit, mais aussi des préten-

tions qui tiennent à l'esprit ; une facilité et surtout une mémoire étonnantes ; une ambition très active en tout genre ; l'envie d'occuper de lui le public et d'aller, comme disait de lui le roi de Prusse, *à la gloire par tous les chemins ;* de la franchise et de la hardiesse ; de l'élévation dans les sentiments et l'amour du bien en général, tels sont les traits dont presque tout le monde s'accorde à composer le portrait de Guibert[1]. » — Le comte de Guibert a laissé un grand nombre d'ouvrages bibliographiques. Il avait épousé en 1775 Alexandrine-Louise Boutinon des Hayes, dame de Courcelles-le Roy, né à Paris, le 9 juin 1758, fille et héritière de messire Louis-Marie-Marc-Antoine Boutinon des Hayes, écuyer, seigneur de Courcelles-le-Roy, etc., chevalier de l'Ordre royal et militaire de Saint-Louis, conseiller du roi, commissaire général des Suisses et des Grisons, et de Louise-Charlotte-Françoise Valmalète de Morsan. (Armes de Boutinon des Hayes : *d'argent au chevron d'azur accompagné de trois hures de sanglier de sable.*) — La comtesse de Guibert était douée d'un esprit très distingué, très cultivé, et parlait facilement plusieurs langues modernes. Après la mort de son mari pour lequel elle avait toujours montré un très vif attachement, elle vécut dans la retraite au château de Courcelles-le-Roy, où elle recevait une société composée d'hommes d'esprit, entre autres l'abbé Delille. C'est elle qui a fait imprimer les lettres de Mlle de l'Espinasse au comte de Guibert et la plupart des ouvrages que celui-ci avait laissé manuscrits. Elle a publié aussi plusieurs romans annoncés comme traduits de l'anglais. La comtesse de Guibert mourut à Saint-

---

1. Michaud, *Biographie universelle,* — Larousse, *Dictionnaire, Le Plutarque français,* etc. — Outre l'*Éloge de Guibert,* par Mme de Staël et celui par Toulongeon, on a une *Notice historique sur Guibert,* par le général Bardin, Paris, 1836, in-8° ; un *Discours sur la vie et les écrits du comte de Guibert,* par M. Flavien d'Aldéguier, Toulouse, 1855, in-8° ; une *Biographie du comte de Guibert,* par E. Forestié, Montauban, 1855, in-8°.

Ouen, près de Paris, en 1826, laissant une fille unique :

Apolline-Charlotte-Adelaïde, comtesse de Guibert et du Saint-Empire, dame du palais de la princesse Hortense, depuis reine de Hollande, née à Paris le 15 décembre 1776, mariée le 12 avril 1795 à François-René Vallet, comte Villeneuve, commandeur de la Légion d'honneur, sénateur, chambellan de l'empereur Napoléon III, etc.

Tableaux généalogiques.

HUIT QUARTIERS PATERNELS ET MATERNELS
· DE MADAME ANNA-HENRIETTE-PHOEBÉ MUGUET DE VARANGE
COMTESSE DE VILLENEUVE-GUIBERT

Benoit Muguet, écuyer, seigneur de la Valotte et de Champalier, mort en 1717 à Marie François Morel.

Pierre Andrieu de Turdine, écuyer, capitaine colonel de la Karde lyonnaise, marié à Marie Estourmel.

Jen-Antoine Bert, écuyer, marié à Anna-Maria Tulleken.

Johan-Barend-Christoffel-Frédérik Boode, marié à Anna-Maria-Henssen - Stransen Van Vroom.

Pierre - Marie Muguet de Varange, créé baron de Varange en 1810, receveur général des finances.

Marie-Caroline Andrieu de Turdine.

Johan-Cornelius Bert, gouverneur d'Essequibo (Guyane anglaise).

Anna-Catharina Boode.

Pierre-Marie-Félix Muguet, baron de Varange, comte romain, né en 1793, mort le 21 janvier 1869.

Anna-Suzanna-Louisa Bert, mariée en 1822, morte le 10 octobre 1888.

Anna-Henriette-Phœbé Muguet de Varange, née le 27 octobre 1827, mariée le 16 avril 1854 à Arthur-François-Charles Vallot, comte de Villeneuve-Guibert et du Saint-Empire.

TABLEAU DE LA PARENTÉ

AU 4ᵉ DEGRÉ

DE FRANÇOIS-RENÉ VALLET, COMTE DE VILLENEUVE

ET D'APOLLINE-CHARLOTTE-ADÉLAIDE, COMTESSE DE GUIBERT

MARIÉS LE 12 AVRIL 1795

Florent Carton Dancourt, écuyer, seigneur de Courcelles-le-Roy, né à Fontainebleau, le 1ᵉʳ novembre
1661. Marié le 15 avril 1680 à Thérèse Le Noir de
la Thorillière, mort le 6 décembre 1726.

1. Marie-Anne-Armande Carton Dancourt. Mariée en
1704 à Jean-Louis Guillaume, écuyer, seigneur de
Fontaine, conseiller du roi, commissaire et contrôleur de la Marine et des Gabelles de France.

1. Marie-Michelle Carton Dancourt, dame de Courcelles le-Roy. Mariée en 1712 à Samuel Boutinon,
écuyer, seigneur des Hayes, cornette de cavalerie.

2. Françoise-Thérèse Guillaume de Fontaine. Mariée
le 12 mai 1729 à messire Nicolas Vallet, écuyer,
seigneur de la Touche, etc., conseiller, secrétaire
du roi, Maison et Couronne de France et de ses
finances, greffier en chef de Saintes.

2. Louis-Marie-Marc-Antoine Boutinon des Hayes,
écuyer, seigneur de Courcelles-le-Roy, chevalier
de Saint-Louis, commissaire général des Suisses
et des Grisons. Marié à Louise-Charlotte-Françoise Valmalete de Morsan.

3. Pierre-Armand Vallet de la Touche, écuyer, seigneur de Villeneuve, etc., conseiller d'État, trésorier général de la Ville de Paris. Marié le 9 février
1768 à Madeleine-Suzanne Dupin de Francueil.

3. Alexandrine-Louise Boutinon des Hayes, dame de
Courcelles-le-Roy. Mariée en 1775 à Jacques-
Antoine-Hippolyte, comte de Guibert, maréchal
des camps et armées du roi, membre de l'Académie française.

4. François-René Vallet, comte de Villeneuve, né le
7 juin 1777.

4. Apolline-Charlotte-Adélaïde, comtesse de Guibert,
née le 15 décembre 1776.

I. — Noble-David Olivier, échevin de Lyon. Marié à Françoise Araison.

II. — François-Olivier, seigneur de Senozan, chevalier de l'ordre du roi, conseiller d'État et intendant général du clergé de France. Marié le 26 juin 1711 à Jeanne-Anne-Madeleine de Groslée de Viriville.

II. — Françoise Olivier. Mariée, le 5 juillet 1707, à Christophe Bollioud des Granges, écuyer, seigneur de Saint-Julien, conseiller, secrétaire du roi.

III. — Jean-François-Ferdinand Olivier de Senozan, comte de Viriville. Marié, par contrat du 19 avril 1761, à Claude-Louise de Vienne.

III. — Anne-Sabine Olivier de Senozan. Mariée, le 9 octobre 1710, à Charles-François-Christian de Montmorency-Luxembourg, prince de Tingry, duc à brevet, souverain de Luxe, chevalier des ordres du roi, lieutenant général de ses armées.

III. — Suzanne Bollioud de Saint-Julien. Mariée, le 15 mai 1737, à Louis-Claude Dupin, écuyer, seigneur de Francueil, etc., conseiller du roi, receveur général des finances de Metz et d'Alsace.

IV. — Madeleine-Henriette-Sabine Olivier de Senozan. Mariée, le 2 décembre 1778, à Archambaud-Joseph de Talleyrand-Périgord, duc de Talleyrand, pair de France, lieutenant général des armées du roi, d'où :

IV. — Louise-Françoise-Pauline de Montmorency-Luxembourg. Mariée le 17 février 1752 à Anne-François de Montmorency-Luxembourg, brigadier d'infanterie, capitaine des gardes du corps du roi.

IV. — Suzanne-Madeleine Dupin de Francueil. Mariée, le 9 février 1748, à Pierre-Armand Vallet de Villeneuve, écuyer, conseiller du roi, trésorier général de la Ville de Paris.

V. — Charlotte-Anne-Françoise de Montmorency. Mariée, le 6 octobre 1767, à Anne-Léon de Montmorency, marquis de Fosseux, duc de Montmorency, maréchal des camps et armées du roi.

V. — René-François Vallet, comte de Villeneuve, etc. Marié, le 12 avril 1795, à Apollina-Charlotte-Adélaïde, comtesse de Guibert et du Saint-Empire.

V. — Louis-Auguste-Claude Vallet, baron de Villeneuve. Marié, en 1802, à Laure-Antoinette-Pauline de Ségur.

VI. — Anne-Louise-Madeleine-Elisabeth de Montmorency. Mariée, le 20 juin 1788, à Alexandre-Louis-Auguste de Rohan-Chabot, duc de Rohan, d'où :

VI. — Anne-Eléonor Pulchérie de Montmorency. Mariée, le 20 juin 1785, à Louis-Victurnien-Louis-Victurnien, duc de Mortemart, d'où :

VI. — Anne-Charles-François, duc de Montmorency, pair de France, marquis de Fosseux, premier baron de Tancarville. Marié, le 3 juin 1788, à Anne-Louise-Caroline de Goyon d'où :

VI. — Anne-Louis-Christian de Montmorency, prince de Tancarville. Marié à Armande-Louise-Marie de Bec-de-Lièvre de Cany, d'où :

VI. — Armand-Louis-Septime Vallet, comte de Villeneuve-Guibert. Marié le 10 mai 1824, à Elisabeth-Mathilde de Sain des Arpentis,

VI. — Louis-Augustine-Emma Vallet de Villeneuve. Mariée, en 1815, à Casimir, marquis de la Roche-Aymon, d'où :

VI. — Léonce Vallet, baron de Villeneuve. Marié à Léonie-Marie Rousseau de Saint-Aignan, d'où :

VI. — Félicie Vallet de Villeneuve. Mariée au comte César Balbo, d'où :

Les Talleyrand-Périgord,
Les Noailles-Mouchy, etc.

Les Rohan-Chabot,
Les Contaut-Biron - Saint-Blancard,
Les Lamberttye,
Les Beauvau, etc.

Les Rochechouart - Mortemart,
Les Crussol d'Uzès,
Les Beslade d'Avaray,
Les Monssiers, etc.

Les Bauffremont-Courtenay,
Les Nettancourt-Vaubecourt,
Les Talleyrand-Périgord, etc.

Les Biencourt,
Les Clermont-Tonnerre,
Les Cossé-Brissac,
Les Robien,
Les Van de Verve de Schilde, etc.

Les comtes de Villeneuve-Guibert,
Les Lostanges,
Les Bas du Plessis,
Les méart de Rilly d'Oy-somille,
Les .œbœuf de Monger-mont.

Les La Roche-Aymon,
Les Villebressme,
Les princes Galitzin,
Les d'Albert de Chaulnes.

Les barons de Villeneuve.

Les comtes Balbo, en Piémont.

LES
SEIZE QUARTIERS PATERNELS ET MATERNELS
DE M. ARTHUR-FRANÇOIS-CHARLES VALLET
COMTE DE VILLENEUVE-GUIBERT

Quartiers paternels

Nicolas Vallet, écuyer, seigneur de la Touche, conseiller secrétaire du roi, Maison et Couronne de France, marié le 12 mai 1729 à Françoise-Thérèse Guillaume de Fontaine.

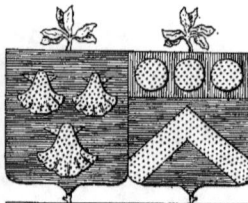

Louis-Claude Dupin, écuyer, seigneur de Francueil, l'Espinière, etc., conseiller du roi, receveur général des finances de Metz et d'Alsace, marié le 15 mai 1737 à Suzanne Bollioud de Saint-Julien.

Charles-Benoît de Guibert, chevalier, comte de Guibert et du Saint-Empire, grand-croix de Saint-Louis, lieutenant général des armées du roi, gouverneur des Invalides, marié à Suzanne Rivail.

Louis-Marie-Marc-Antoine Boutinon des Hayes, écuyer, seigneur de Courcelles-le-Roy, etc., chevalier de Saint-Louis, commissaire général des Suisses et des Grisons, marié à Louise-Charlotte-Françoise-Valmalete de Morsan.

Pierre-Armand Vallet de la Touche, écuyer, seigneur de Villeneuve, etc., cons. d'État, trésor. gén. de la Ville de Paris, baptisé le 23 sept. 1731, mort le 12 mars 1794.

Madeleine-Suzanne Dupin de Francueil, née le 14 juillet 1751, marié le 9 février 1768, morte vers 1806.

Jacques-Antoine-Hippolyte, comte de Guibert et du St-Empire, maréchal des camps et armées du roi, membre de l'Acad. franç., né le 11 nov. 1743, mort le 6 mars 1790.

Alexandrine-Louise Boutinon des Hayes, dame de Courcelles-le-Roy, mariée en 1775, morte en 1826.

François-René Vallet, comte de Villeneuve, commandeur de la Légion d'honneur, sénateur, chambellan de Napoléon III. etc., né le 7 juin 1777, mort le 12 février 1863.

Apolline-Charlotte-Adélaïde, comtesse de Guibert et du Saint-Empire, dame du palais de la reine Hortense, baptisée le 15 décembre 1776, mariée le 12 avril 1795, morte le 18 novembre 1852.

Armand-Louis-Septime-Vallet, comte de Villeneuve-Guibert et du Saint-Empire, officier dans la garde royale, né le 6 octobre 1799, marié, par contrat du 19 mai 1824, à Elisabeth-Mathilde de Sain des Arpentis, mort le 3 août 1875.

SEIZE QUARTIERS PATERNELS ET MATERNELS
DE M. ARTHUR-FRANÇOIS-CHARLES VALLET
COMTE DE VILLENEUVE-GUIBERT

Quartiers maternels

Jacques Sain de Bois le Comte, chevalier, seigneur des Arpentis, de la Roche-Farou, etc., mousquetaire, puis conseiller d'honneur au bailliage de Tours, marié le 8 janvier 1703 à Renée Chicoisneau du Plessis, mort le 17 mars 1740.

Noël Pallaguoin, chevalier, seigneur de l'Estang, conseiller du roi en la Cour des monnaies de Paris, marié à Françoise Berault.

Jean-Baptiste René Pregent, conseiller du roi, président à l'Election d'Angers, administrateur de l'Hôtel-Dieu, marié à Ambroise-Urbaine Olivier.

Maurice Abraham, seigneur de Boisrideau, conseiller du roi, trésorier de France et général des finances en la généralité de Poitiers, marié à Elisabeth Chapelot.

Claude Sain de Bois-le-Comte, chevalier, seigneur des Arpentis, de la Roche-Farou, etc., né le 7 avril 1729.

Marie-Françoise Pellegrain de l'Estang, mariée par contrat du 18 février 1754.

Jean-Baptiste-Michel Pregent, chevalier, seigneur du Breuil, cons. du roi, correcteur des comptes de Bretagne, né le 6 fév. 1731, morte le 8 mai 1780.

Elisabeth-Marguerite-Maglorie Abraham, née le 24 oct. 1746, mariée le 1er mai 1764, remariée à Pierre-Joseph de Coleron, chev. de St-Louis.

Noël-François de Sain de Bois-le-Comte des Arpentis, chevalier de Saint-Louis, colonel de la garde nationale de Tours, né le 16 février 1767, mort le 27 février 1837.

Agathe Pregent du Breuil, baptisée le 20 février 1777, mariée le 14 septembre 1802, morte le 11 mai 1823.

Elisabeth-Mathilde de Sain des Arpentis, née le 26 août 1803, mariée par contrat du 19 mai 1821 à Armand-Louis-Septime Vallet, comte de Villeneuve-Guibert et du Saint-Empire, morte le 14 août 1867.

www.ingramcontent.com/pod-product-compliance
Lightning Source LLC
LaVergne TN
LVHW022119080426

835511LV00007B/913